DEL FONDO DE LA CULPA

CRISTO TUMANIDIS

DEL FONDO
DE LA CULPA

Traducción
JOSÉ ANTONIO MORENO JURADO

EL ÁRBOL DE LA LUZ
57
TO ΦΩΤΟΔΕΝΤΡΟ

Padilla Libros Editores y Libreros
Sevilla 2024

C O L E C C I Ó N
P O É T I C A
D E A U T O R E S G R I E G O S
C O N T E M P O R Á N E O S
EL ÁRBOL DE LA LUZ
TO Φ Ω ΤΟ Δ Ε Ν Τ Ρ Ο
N.º 57

Título original: *Από το βάϑος της αιτίας*

© de los poemas: CRISTO TUMANIDIS
© de la traducción: JOSÉ ANTONIO MORENO JURADO
© de la presente edición: PADILLA LIBROS

ISBN: 978-84-8434-823-8

D. Legal: SE 1697-2024

1.ª impresión, junio de 2024

PADILLA LIBROS EDITORES Y LIBREROS
C/ Trajano n.º 18
41002 Sevilla (España)
editorial@padillalibros.com

IMPONDERABLES
(1978)

BÚSQUEDA

Puertas, ventanas, el vacío.
Difícilmente los árboles se detienen
          a nuestro lado.
El olor a oxígeno quemado,
tras el atardecer.
«¡Pedro, Marina! ¡Ciprés mío!».
—Debo encontrar el camino.

NEGACIÓN

Labios cerrados. Ojos cerrados.
Lo de afuera y lo de adentro
sin puerta.

Una línea amarilla.
Tu silencio.
No te resistía el día y el árbol.
Los vanos colores te hablaban.

Entre tantas invitaciones, ¿cómo no ibas a
     estar ausente?

Tenías los labios en la tierra,
los ojos en el vacío.
Y tomabas al mediodía
el camino que no lleva a ningún sitio.

ANTÍTESIS

Aquel hombre no dijo palabra.
Los colores están de fiesta.

El niño gritó: «¡Madre!».
Las puertas descienden.
Se queda inmóvil,
glorioso en su silencio.

Y hablabas de estatuas.
Pero las estatuas nunca olvidan.

¿Qué haremos entonces
con los que las imitan?

VIAJE

Mediodía, nuestro corazón en el asfalto.
Se fueron los árboles, se fueron
a direcciones opuestas.
No alcanzaron nuestros ojos.
«¿A dónde vamos a esta hora, sin sol?».

«Sus ojos... ¿qué?». Y después callaste.
Algo pesado en las hierbas.
Después, una nube, nada cambió.

Mediodía sin cielo y nosotros
nos fuimos, sí, con el pensamiento a otro
    lugar.

INTENTOS
(1981)

A mi hermano Fotis.

COMPOSICIÓN MATINAL

Mañana con dudoso verde.
Una mujer sacude su blanca sábana.
Nadie la ve.

Sólo el poema y la pluma.

Mañana.
Allá, las nubes y el día
y esta hierba en mi lengua es
esa mujer.

RECUERDO

Llegas siempre desnuda, con una rosa.
A veces tiembla la cortina y ¡enloquezco!

El beso en el aire, mientras de lejos
se hace invierno de pronto.

A cualquier época a la que viajes, sábelo:
en mí siempre encenderás los grandes
    silencios.

POCO ANTES, POCO DESPUÉS

Vacío hasta la última vena.
Sin ritmo. Una jaula
de la que escapó de pronto el futuro.

«Deja por fin de sustraerme,
de hacerme sangre...».

Después de los cigarros,
los besos y los pañuelos,
llegó el poema.

FIJACIÓN

El amor,
sus silencios irredentos,
alguna carta olvidada.
La luna llena del sábado en la Acrópolis.
Y las estatuas
          —no puede ser—
encontrarán otra vez su importancia.
Más allá de muros y palabras
          que matan.

No puede ser, digo,
otros pasos amarán estos caminos.

ANOTACIONES DE UN DOMINGO

Para Andrómaca.

II

Aquí entre chimeneas que vomitan el mañana,
amarillo en el día más amarillento.
¡Oh, si estuviera, aunque por un momento,
detrás de esa vidriera rota!

III

«No aguanto las puertas cerradas», decía
continuamente.

Así avanzamos hasta allí.
Y que el domingo nos aguante con su color.
Que nosotros lo aguantemos.

Le hablé delante de los niños ociosos.
Con voz llena de pasado.
Con palabras que se dicen ¿por qué?
A veces nos sentimos cerca de la tierra.
Tierna, oscura y sensual.

VIII

Sonreía en el ocaso
y los instantes crecían,
los edificios tomaban otro aspecto a nuestro
    alrededor.
La cal era blanca; de otra manera.
El llamador silencioso en la puerta se volvía
    palma de tu mano.
Mientras arriba cantaban las antefijas.

—Los hombres comprenderán un día
y amarán de nuevo la sencillez, dije.

—Los delicados matices en los frontones,
    dijiste.

PRELUDIO

Tú,
el lápiz ingenioso
sobre el blanco papel
y el aire.

La radio suena a lo largo.
La fuente gotea desde antiguo.
Tus ropas
danzan su desnudez.

Un día te contenía todo eso de otra forma.

En tiempos lejanos, de pronto
apagaste el cigarro.
Tenías que empezar.

Cántame a la hora difícil de los muertos.

LOS RELOJES

A Naná Isaía

Y seguramente lo sabes:
en nada te aprovechan los relojes.
Las manecillas son la espada
que cambia continuamente de filo.

(Los relojes son círculos interminables de
    supresión).

CAMA N.º 109 —FIEBRE

Ven, acércate, lejana Grecia mía.
Muestra que no terminaron los domingos.
Sin agujas ni Valium
levanta
mis latidos caídos.

Ven y haz que soplen los fuertes vientos.

De aquella sábana,
en la que estaba inmóvil sobre mis días,
sácame.

SONATA VERANIEGA

No era domingo pero tú reías.
De pie con tu ancha falda clara
                    en la cubierta.
Tenías en la cintura como correa el horizonte
y las montañas se movían en tu pecho.

¡Eras la culminación de las olas!

«Las gaviotas
                    rivalizan
con tu audacia juvenil...», grité.
Me miraste de aquella forma, sí,
cuando Poros apareció al fondo
en la calima de la mañana.

Al mediodía, quedamos desnudos bajo los
        pinos.

CUANDO SE APAGAN LAS LUCES

En tales momentos te pierdo.
Cuando se apagan las luces
y la casa se llena de pasado.
Cuando la fuente no cierra.

Cuando gota a gota regresan
todas nuestras tardes arruinadas.

MELANCOLÍA

Un cigarro que termina
en dedos temblorosos soy.
Y tú lo miras.
              Como miras
los barcos que fondearon,
los marineros desembarcados.
Como miras
esa tarde que viene
a cubrir de nuevo las culpas.

LLUVIA NOCTURNA

*Mi vida pasada
vuelve esta noche a gotas.*

Todo vuelve esta noche como un «adiós».
Se amontona despacio en el cuarto.
Antiguas aguas.
                  Antiguos errores
que suben, suben...
cubriendo mi vida hasta los hombros.

EL RETRATO DE MI MADRE

Estas fotografías, ¡ah!,
las verdades descoloridas.

Madre, dime qué quieres, ¿qué?
Tu figura pasada no regresa.
Ni las ampliaciones ni los extraños colores.

Eres esa en el tiempo. Pontia Iordana,
con los puntos de una adolescencia
    atormentada.
El marido con los nervios rotos
y con tus tres hijos.
Sola continuamente al crepúsculo, inclinada,
arreglando el humo,
los pensamientos,
tu abandono.

Ah, aquellos domingos larguísimos.
¡Los tristes instrumentos de tu soledad!
Y los rumores sobre tu hombre emigrado
bastan. Entonces ¿qué quieres, madre?

Y en las fotografías; siempre arrepentida.
    Ambivalente.
Sin lágrimas en absoluto mirando lo ya
    terminado.

UN DÍA MI PADRE DIJO
(La confesión de un fumador)

Hoy fumé apenas seis cigarrillos.
Besé innumerables veces mi presente
para que no se vaya.
Vi mi futuro en espejos turbios,
a mi madre pasando de noche el Bósforo,
arrastrando a sus diez hijos envejecidos.

Me agaché en mi interior y vi humos.
Y desde mi interior escuché
la voz tartamuda de mi Asia.

Hoy,
atravesé el puente que une mis dos edades.
El monte Paico con el monte Egáleo.
Después,
me quedé solo con las casas,
un ancho camino de tierra de la patria.
¡Y no pude reconocer mi casa paterna!

Seco el río. Y los álamos blancos.
Los recuerdos infantiles como cenizas
        en las eras.
Y la lira quemada en el jardín.

Hoy me detuve para que el cielo me viese y no
    me vio.
Me hice de cincuenta años ¿y?

Hoy supe cuántos años llevo muerto.

CUANDO FOTINÍ SE QUEDA SOLA

Vieja herida que vuelve a abrirse, la ventana.
Un aire dejó los follajes,
golpeó algo oxidado en la terraza,
lamió la casa traicioneramente y entró.

¿Nadie entonces?
A excepción de los árboles y de la luz
y de la voz que atraviesa tartamuda
los cables. Nadie.

Sólo las manecillas y mi rostro destrozado.

LAS TARDES EN DAFNI

Hay algunas tardes con las alas rotas,
llenas de voces y silbos.

Hay algunas tardes
que cierran sus ventanas.
Y tú con la frente en el cristal
rumiando nombres
de rostros amados.

¿Encender? ¿No encender?

Así quedas en medio de la habitación.
Estupefacto.
Mirando el muro traspasado,
el clavo,
la oreja cortada de Van Gogh.

Hay algunas tardes colgadas, dirías,
    al revés en el pinar.

TRAS LOS CRISTALES

Dos puertas cerradas tus ojos.

Cuando lanzas tu mirada sobre mí,
se rompen en mí espejos,
palabras que nadie me pidió.

Soy un almacén destartalado,
casi olvidado,
en el ruido vulgar de las transacciones.

¡Tus ojos y aquella frágil alegría!

¿Qué pasará entonces
con las voces que vienen de las alambradas,
con los que se detienen antes de entrar
y después se pierden?
¿Qué será de esta tristeza no pedida
en los estantes?
¿Con los días que continuamente posponen
su llegada?

Entre montones de colillas
viene el autobús y te lleva
dejando sobre los cristales tus ojos
como dos interrogaciones.
Entre el cazador y la caza.

CALLES DE LA NOCHE

La noche me encontró en la calle
entre templos antiguos
y tiendas cerradas.
Junto a las farolas encendí mi cigarrillo
y subí.

La noche me encontró sin sostén en la ciudad.
Sin las «buenas noches» de un amigo o
de un follaje.
Mi rostro apareció un instante
en la pared de enfrente.

La calle Eolo es una noche llena de
    precipicios.
Por una parte, la Acrópolis, por otra, Pelas.
Un poco más allá Náusa
con los manzanos y sus muchas aguas
    polícromas.
Alas. Nieve. Kartsuni. Heroísmos.

Grandes esperanzas.

¿Quizás tienen culpa mis ojos?
¿Mi deseo de que estés en algún sitio
tras los ventanales nocturnos?
¿Tras los tesoros restaurados?

Camino solo a la medianoche.
Cada paso mío un sueño que se golpea en el
    asfalto.

Así caminan, pensé, las probabilidades.
En un paraje oscuro,
lleno de cristales y colillas.

Pero las horas pasaban y la ciudad crecía.
Las luces rojas se multiplicaban
como candelas de hombres solitarios
que se apagaban en mis ojos.

¿Por dónde huir?

Apoyé la cabeza en un quiosco cerrado,
como si me apoyase sobre ti.
De pronto, una luz se derramó en mí;
la Calle Sagrada a las nueve de la mañana,
tus ojos en el autobús,
no resistí.

Cogí el lápiz para escribir aquella luz.
Escribí,
llenando las blancas superficies.
Tomé la distancia correcta desde mi corazón
y miré.

Sobre las paredes estaba tu rostro.
Un sonrisa enorme.
Una nueva luna llena que brillaba en un
hombre solo.

ASÍ LE HABLÓ DENTRO DE SUS LLAMAS

Mas no puede ser, algún día se terminarán los
    cigarrillos.

Y tú, muda mujer ahora,
incapaz de prevenir la caída de la ceniza
en mí.
        Y tú
entenderás un día que
todos los fumadores del mundo serán ángeles
un día.
        Y entonces
volverás tus ojos a mí,
llena de resplandor y ternura,
como aquella mañana en el autobús.
Tocarás mis cabellos cenizas
como si tocaras una nueva Luna.

Como todos aquellos que amaron tarde,
    me amarás.

CONTRAPUNTO DE LOS ASTROS
(1997)

ENTRADA

Oh, soberbio inseguro,
negocié contigo
mi cotidianeidad
y perdí.

Por eso sobreviví también
con blancas realidades plañideras, por doquier.

AUTOCONOCIMIENTO

Vi mi destino en un humo.
En la muerte de algún astro.
En el instante luminoso de los meteoros.

Años de luz que atravesé en un cenicero.

SOMBREADOS

Las cenizas serán vencidas.
Y las lágrimas.
Los árboles lo serán.
Las estatuas lo serán.

El niño llorará solo
mirando la Luna,
escuchando las voces lejanas de los astros.

(De nuevo anochece hermosamente en las
    palabras)

LÁPIDA SEPULCRAL

Y en la percha tres generaciones,
suspirando una sobre otra.
Deseos vestidos, verdades ralladas.

Así termina, así empieza cada época.

Lo que queda sólo es
la poesía de nuestro futuro.

DESDE EL FONDO

¡Cuántas veces subiré las montañas
dentro de mí!

Era, recuerdo, febrero,
caía nieve ruidosa, tanto que
los muertos se volvían de lado.
El pasado cogía su sitio
    en el futuro.
Mientras que tú
estabas a veces en tus oscuridades
y a veces bajo el Sol.

Jasón, Protesilao,
Alejandro y los otros
duermen en las leyendas.
¿Acaso con justicia?

¿Cuántas veces atravesaré el Helesponto
para que me digan niño, hombre y padre?

CERÁMICO

I

En estas casas inhabitadas,
en las calles de grandes nombres
siempre es invierno.

¡A las ocho en la calle Salamina
la tribu Acamante y el guardián Céramo
duermen todavía!
En sus sueños pasa
el río Erídano,
una gata negra,
el primer barco persa
y la rueda.

«¿Y la puerta que chirriaba?».
Quizás el último oráculo.
El clamor del gran ejército
cuando se preparaba para pasar el Bósforo.
¿Quién sabe?

La ciudad duerme
bajo las cerámicas y los mármoles rotos.
Nada más.
Tranquilamente atraviesa, extranjero y tú.

Hora indeterminada. Ambigua.

En estas casas inhabitadas
la Historia anochece completamente ¿oyes?

II

Hermosos muertos sostienen nuestros días.

Muy despacio fluye el futuro.
Nadie lo ve.
Ni siquiera el Dios desconocido
que toca en las tejas
una vez su lira,
otra vez el pánico.

¿Quién se opone entonces?

Que caiga aquí la noche pesada.
Que suenen las trompetas.

PIDNA

El paraje se parece aquí a un cielo caído.
Astros, las casas.
Nubes, los escasos olivos.
El mar y los hombres
hermosas estrellas fugaces.

Pasan los siglos,
Los ejércitos, los coches.
¡Perseo! ¡Casandra!
Mortales e inmortales de las ruinas,
decidme,

       ¿cómo pasan las penas?

INSTRUCCIONES PARA
SESIÓN DE FOTOS

Esta tarde quedará en los papeles.
Una palabra, un suspiro o
pose de inmortalidad, como dicen.

Quedará y quedarás
en la huida
como si no llegase nunca.
Como tantas y tantas tardes
en Lithariá, en Náusa, en Susa.
«Escucha la música desde el fondo
    de los años».

Ahora, inclina un poquito el cuerpo,
así, como se inclinan los árboles al agua,
como se inclinan las horas y los corredores.
¡Perfecto!

«Aprenderás, imagino, la muerte,
pero ¿qué digo? ¿los poetas mueren?

Un poco de recuerdo del cielo aquí,
algo como crepúsculo de triunfo, sí.

Cuánto te has cansado en verdad de esperar.
«Así sucede siempre o casi. Quedémonos
con la gran espera».
                    Los ojos ahora
hacia la noche que llegará,
en el astro que titila.

Inmóvil entonces. Convexo.
Pareciendo que cabalgas en el lomo
de la montaña con nubes sobre ella.
«¿Quién hace señas?». Respóndele, tienes
      tiempo.
Que tu movimiento sólo tenga todas
      las acepciones.
¿Preparado? ¡Piensa en las estatuas, las aves,
el mañana! Gracias.

En este cautiverio perfecto
quizás no anochezca.
Como no anocheció nunca en las canciones.

(Era domingo, dirías, y hacía proyectos para el
      verano).

ODA A UN REFRIGERADOR

Oh noche polar privada,
sin sueños y sin cielo.
Noche de amoníaco y freón.
Noche blanca.

Fuiste hecho únicamente
para recordar la muerte.
El tiempo vencido supuestamente.
¿Qué palabras encontrar para cantarte?

Oh paisaje de cima nebulosa.
Tú nunca conocerás
el viento vigoroso y la rama florecida,
la bendición de la gallina clueca.

Te quedas allí en tu rincón
como fiera lisiada,
boca sin dientes
que devora sin interrupción electrones.
Conservador, tú, de nuestra agonía.

Cada vez que abro tu puerta,
veo mi vanidad.

¡Oh recuerdo de la nada!
Tumba del animal degollado en la oscuridad.
Caja de visiones de una gallina
      junto a sus huevos helados.

No eres más
que retazos de metal y de cerebro.

Eres canción comprimida hasta el silencio.
Blancura dolorosa del negro.

SOLO PERO NO SOLO

I

Te busqué en todas las acepciones,
en los conceptos cortantes de la tarde.
Mis dedos se ensangrentaron
                    haciendo círculos.
Cero movimientos.
Encorvado durante años
sobre auriculares pero
ninguna respuesta.

Anochece de pronto
a cada momento en que estás ausente.
Y es invierno.
¿Dónde están tus manos,
tus ojos de luna llena? ¿Dónde?
Que hagan desaparecer la noche,
las brechas, el tiempo.

Te busqué girándome.
En la ceniza que grita «no».
En la estrella que dice: «Avanza».

II

Después llegaron los silencios.
El largo y nebuloso otoño.
Vinieron las gotas pesadas. La cuenta...
Eras la primera víctima de la lluvia,
el murmullo de estrellas caídas.

¡Cuántas veces he de contar la vida
para encontrarla perfecta!

III

No escuché
el último golpe de la lluvia,
la hendidura de los cristales.
No te escuché, Luna mía,
                círculo de la soledad.

Ahora
sobre las paredes juegan
las acepciones del negro.

CARTA A VINCENT VAN GOGH

I

Los finos matices del infinito.
El Sol
      los pinceles
              el revólver.
Me siguen como una sombra multicolor
durante treinta y tantos años.
Desde Náusa a Arlés.
Desde Egáleo a Auvers.
Desde la adolescencia a la paternidad
y desde allí a las estrellas.
A las estrellas que tú pintaste
en tus oscuridades,
oh, ¡excelente maestro de la soledad!

Me siguen paso a paso
Vorinaz, los cuervos,
tus cartas desesperadas
y aquella casa amarilla en el extremo
    de tu noche.
En el corte de la cuchilla.

¿Cómo danzará todo en el azul?
¿Cómo tantos y tantos pensamientos
        sobre la hermosura?
Figuras confundidas, importancias ardidas.

Te pusiste tu sombrero un domingo
y tomaste el camino más breve,
el que cogen las Famas.

II

Puesto que todos los puentes estaban abatidos,
puesto que habías completado
tu obligación frente a los sueños,
¿qué quedaba?
La muerte ganada.
La muerte del tiempo.
Dejaste que volase tu alma
desde el cañón hasta la última luz.

Así te apartaste, de una vez para siempre,
de los dolores de cabeza,
los graznidos,

los amores estériles.
¿Vendrán los colores?
¿Llegará a tiempo Theo?
Mu, mu, mu.
«Muerte en todas las dependencias de la vida»,
    dijiste con un disparo.

¡Oh, santa hendidura del cerebro!

Los días que siguieron desde entonces
son así, como los coloreaste tú, Vincent.
Así como no pudo colorearlos...
    Dios.

Son los días que vienen de pronto
desde los hondos heliotropos del alma.

ALBERT CAMUS
(Nuestro compañero rebelde)

Cada época tiene sus árboles,
sus propias hachas.
Cada invierno se cierra en una primavera.
En letras sin subvenciones, sí.
Y ¿nuestra marcha?
Parece que es otra venida.
La final.

Sin embargo, tu huida repentina me duele
  todavía.

«¡Albert! ¡Albert!».
Los mediodías de Orán, las noches de París
y nuestras propias horas Cariátides
te llaman. ¿No vendrás?

Los caminos que tú abriste,
esos mismos te llevaron.
Serpientes del destino.
Ríos helados que desembocan en mi casa.

Cada marcha hacia adelante tiene su muerte,
    digo.
«Tiene el antídoto de la muerte», gritas tú.

¿Qué época en verdad amanece?

En todas las muertes accidentales estás
    presente.

En las banderas que se despliegan otra vez
    estás presente.
En nuestras dudas llenas de poesía, Albert,
estarás siempre presente.

Única presencia extrema en el futuro.

PASCUA DE LOS SUEÑOS

I

Y, puesto que las llamas no dejaban
otro paisaje en él,
caminó solo hacia el mar.

Allí el día apareció bueno.

Un poco de ola, un poco de alas:
«Hoy, Señor, voy colgado
en las nubes y los silencios», gritó.

Mientras, las campanas encendían una a una
    las estrellas.

II

El futuro viene continuamente
desde nuestros años infantiles.
No puede ser de otra forma.
Cierras los ojos, los pasajes,

clavas los viejos cajones, pero
el tiempo no se aborta.

¡Cómo prevenir tantas voces húmedas!

El futuro se fotografió un día
con rostros y paisajes.

Instantes brillantes, lejanos,
en el colchón privado de cada uno.
¡Lithariá y Náusa
y las aguas que se vuelven
río en tu corazón!

Desde allí suenan las campanas de Pascua.

III

Allí en la Plaza del Llanto,
clientes del mismo sueño...
Cristo y Safo.

Vapores de misterio,
harapos de visiones y versos

alrededor.
Altas proclamas contra la soledad.

La parábola del ciego.
Los dardos del amor.

«En aquel tiempo...»
«Te llamo Gonyila...».

Mientras las olas
traían los siglos,
las cruces llenas y los pañuelos.

Y la luz escaseaba continuamente
    en las compañías.
Escaseaban las sillas, los árboles, las alas.
Y caía al final aquella
amargura
            del Miércoles
                    Santo
sobre Eresó y Jerusalén.

IV

Y como estaba escrito, se inclinó
para entrar en épocas oscuras.

Estatuas y templos y trompetas
Ideas que atardecieron.
Heridas que no pueden cerrarse.
Termópilas, Maniaki, Kalávrita...
Una patria amarga
que se levanta continuamente y está
siempre caída.
¡Llega, aire,
            aire,
                    alas!
Mañana quizás caminemos en tus lilas,
        Grecia.

SALIDA

Supongamos que las cosas
no vinieron
como queríamos que vinieran.
Resumamos entonces
el tiempo y los errores
en un inmenso agujero en la pared.
Un agujero que nunca se cerrará.

Confesémonos,
sin melodramatismos,
con un cigarro que termina
en dedos temblorosos
ante el mar,
              con el humo
que se apresura a contradecir a Dios.

Ah solitarios, solitarios domingos
y fiestas de lejanas estrellas
que brillan en nosotros
aunque ya han muerto.

Supongamos que somos esos
luminosos juegos de lo desconocido.
Las colillas de los poemas
de otras culturas.

Supongamos, y coloquemos el dedo allí,
los grandes silencios que abrieron
nuestras naves espaciales.

Desde allí vendrán, por así decir,
las lluvias del mañana,
la contingencia,
                    las nuevas leyendas.

(¡Me inclino ante tus prodigios, cielo!)

VELAS DE TORMENTA
A la manera del haiku
(2005)

Hiciste un agujero,
entró el viento,
trajo un poema.

Yanis Ritsos

✺

Todo el mundo,
diecisiete sílabas.
Canta ¡tú puedes!

✺

Viniste solo.
Construirás tu jardín.
Solo te irás.

✺

Cabellos sueltos.
Sus hombros se llenaron
de espigas de deseos.

✺

Junto a la pluma
los cinco peleados.
Mis dedos.

*

La mariposa
tiró su cansancio
a una malva.

*

Te vuelves, Sol.
La amargura elevó
sus lunas.

*

Eh, muchachita,
la noche, no lo olvides,
no tiene amigos.

*

¿La Luna llena?
En mi vaso se disuelve.
Como aspirina.

＊

La lira, allí,
cuenta los errores.
¿quién la escucha?

＊

Manzana roja.
Belleza herida.
Tiembla la rama.

＊

El río Aliakmón.
Las lágrimas de los montes.
Nuestra bendición.

＊

Almendro mío,
Sacudiste tus flores
para oírte.

✻

Sobre las hojas
el Sol nos dejó
sus haikús.

✻

Locas pinceladas.
Van Gogh interpreta
nuestras oscuridades.

✻

Los grajos graznan.
Los plátanos de sombra callan.
«Moriste por la mañana...».

✻

Estrella lejana.
Laguillo encantado.
¡He aquí el poema!

*

Ante la lupa
la flor y el astro.
¡No morirán!

*

Ahora silencio.
Las grandes tambores.
El recuerdo.

*

Ajedrez

Adelante, caballo mío...
Tiembla la reina.
Te la regalo.

*

Rama rota.
Pero la primavera, mira,
la domina.

✲

El buitre mira
con tus propios ojos.
¡Qué largo camino!

✲

Vuelta azarosa.
En el asfalto quedan
sus sueños.

✲

Un día eras
mar infinito.
Ahora, una gota.

✲

Te pusiste, Sol.
Los secretos golpean
en las ventanas.

✻

Y, sin embargo, Kostas mío,
atardece en Prévetza
por tu culpa.

✻

Pequeña Luna.
aquí se acuchillaron.
Por amor.

✻

Solo en el jardín.
Iluminan su noche
las rosas.

✻

Poco, más poco.
Lo mucho es también interesante.
Un haiku.

✽

Cisne triste.
El estanque entristecido.
Se hará invierno.

✽

¡Nevó palabras!
Los juramentos se patearon.
Y la Luna.

✽

¡He aquí el cometa!
Las leyendas de los hombres.
Los cuentos.

✽

Sin música
un limonero baila
ante el mar.

✳

Las amapolas
¿qué escucharon entonces
que enrojecieron?

✳

Árboles y palabras.
El gran río.
Yanis Ritsos.

✳

No tengo tiempo...
Consumí mi tiempo
en días festivos.

✳

Llegó a la parada.
Me pidió un cigarrillo.
Mi muerte.

✻

Nevó otra vez.
Las noches se hicieron blancas.
Blanco yo también.

✻

¿En una rama desnuda
discuten los ruiseñores?
¿Vendrá la primavera?

✻

Me detengo ante ti
como gigante tembloroso,
margarita mía.

✻

Desde el álamo
llama el búho
a los muertos hermosos.

✻

La ropa tiembla.
La polilla avanza.
¿Qué quedará?

✻

Llegó la noche.
Los gusanos se apresuran
hacia sus tierras.

✻

Sobre la tumba
caracoles y hierba.
La otra vida.

✻

Árbol del abismo.
Apuesta ganada.
¡Ave dichosa!

*

¿Dónde me buscáis?
Detrás las palabras
os espero.

*

Navidad
Las campanas suenan.
Los ciervos mueren
entre los adornos.

*

Fotiní
Amargo domingo.
Los colores callan.
Tú cantas.

*

El muerto
escribió en el asfalto:
«No tenía alas».

✳

Caen como palabras
en la verde Édesa
las cataratas.

✳

Este ave
con las alas rotas
vuela por ti.

✳

Ah, hierbecita.
Tu altura un día
me pasará.

ÍNDICE

ÍNDICE

IMPONDERABLES
(1978)

INTENTOS
(1981)

CONTRAPUNTO DE LOS ASTROS
(1997)

VELAS DE TORMENTA

A la manera del haiku

(2005)